EASY & DELICIOUS DISHES
さばかないデリ風魚介レシピ
真藤舞衣子

INTRODUCTION

　小さい頃からお魚が大好きでした。

　お魚の最初の記憶は幼稚園の時。茅ヶ崎に遊びにでかけた時に食べた、ふっくらパリッと焼けたアジの干物。脂と塩加減がほどよくて、いまだにこの味が忘れられません。祖母や母と、よく築地の魚河岸にも行きました。買って帰ったお魚を一緒に下処理して料理したり……。そのうちお歳暮などでいただく荒巻鮭なども自分でさばけるようになり、お魚を触ることに抵抗なく育ちました。

　そんな風に、物心ついたころから魚料理が身近だったので、最近、「料理をするのが大変なので魚料理を作らない人が増えている」と聞き、とても驚きました。私が主宰している料理教室でも、「魚をさばくのって面倒だし、苦手なんです」「魚の内臓がちょっと…」とおっしゃる方がいらっしゃいます。そして必ずその後に続くのが「本当はもっと食べたいんですけどね」という言葉。

　そこで、魚料理をもっと身近に感じてもらえるようにと願いをこめて、下ごしらえ済みのお魚、つまり下処理のいらない、お魚を使った簡単レシピを考案しました。魚介料理だとお刺身や煮付け、焼き魚を思い浮かべることが多いと思いますが、今回はデリカテッセンに売っているような、美味しく、かつ目にも楽しいメニュー提案を心がけました。

　私自身、歳を重ねるごとに、さらに美味しく感じるようになった魚介料理。日々の食卓で、親しいお友達とのホームパーティで……。魚介料理が並ぶ頻度が少しでも増えるようなら嬉しいです。

―― 真藤舞衣子

CONTENTS

2　INTRODUCTION

8　PROLOGUE　湯煮
10　湯煮の作り方、4 STEP
12　キンメダイの湯煮 ブイヨン仕立て
13　白身魚の湯煮 エスニック仕立て

14　1　柵
16　とろろ昆布〆
18　魚のフォー
19　シーフード生春巻き
20　〆サバのエスニックサラダ
22　タルティーヌ2種
24　デビルドエッグ
26　フィッシュ＆チップス
28　アジのおからマリネ
30　ポケボウル

34　2　切り身
36　ブリダイコン デリスタイル
38　塩サバサンド
40　タラの軽いレモンクリーム煮込み クスクス添え
42　タラとジャガイモのクロケット
44　サケのグリル
46　カジキのエスカベシュ
48　スープ・ド・ポワソン
50　切り身魚のベジタブルハーブスープ
52　メヌキ粕漬けグラタン

54　3　丸ごと
56　アクアパッツア
58　一夜干しのサルサソース
60　豆アジフリット
62　イワシのスパイシーファルシ
64　サンマとナスのパスタ
66　タイのハーブ炊き込みごはん
68　ケララフィッシュ
70　シラスと紫キャベツの青唐辛子パスタ

74	🐟 4 甲殻類・貝類
76	イカのトマト煮込み
78	ゼッポリーニ
80	タコとジャガイモのオリーブソテー
80	ホタテとカリフラワーのジェノベーゼ
82	カキクラムチャウダー
84	ガーリックシュリンプ
86	カニの揚げ春巻き
88	イカヤムウンセン
90	ムール貝、ハマグリの白ワイン蒸し
92	アボカドグラタン

96	🐟 5 ビン・缶・冷凍食品
98	冷凍シーフードキッシュパイ
100	サバ缶チョップドサラダ
102	ジャガイモのアンチョビケッパーオイル煮
104	ズッキーニボート
106	サーモン中骨ピラフ

COLUMN. 1
32　魚に合うハーブ＆スパイス

COLUMN. 2
72　キッチンにあると便利な調味料たち

COLUMN. 3
94　デリ風仕上げに欠かせないオーバルの皿

COLUMN. 4
108　私と魚と三崎

本書のルール

- 卵はMサイズを使用しています。
- 小麦粉は薄力粉を使用しています。
- 砂糖はきび砂糖や甜菜糖など、精製していないものを使用しています。
- 塩はゲランドなど、優しい味わいのものを使用しています。精製塩を使用する場合は塩の分量を減らすなどお好みで調整してください。
- 煮詰める量、食材の大きさ、季節によって味が変わりますので、塩加減など都度調整してください。
- こしょうは黒こしょうを使っています。
- 電子レンジは500Wのものを使用しています。ご使用の電子レンジのW数に合わせ調理時間を調整してください。
- デリ風を意識したレシピ提案のため、青唐辛子などの珍しい食材も登場しますが、スーパーの店員さんにきいたり、ネットで検索すれば見つかることが多いので、是非トライしてみてください。手に入り易いもので代用できる場合はその旨記載しています。

湯煮

「お魚料理がちょっと苦手で…」という方に、お試しいただきたいのが「湯煮(ゆに)」。北海道の一部で伝えられてきた伝統的な調理法で、その名の通り、お魚を茹でるだけ！ 茹でることで魚の臭みを取り、簡単に洋風にも和風にもアレンジできます。

1. 塩をふる

切り身全体に薄く塩をふり、15分間おく。出た水分はペーパーでおさえる。

2. 湯につける

鍋またはフライパンで湯を沸かし、少量の酒（日本酒や白ワイン）と魚を入れる。

★火加減がポイント！ お湯はグラグラに煮立たせないように。

湯煮の作り方、4STEP

まずはお魚をそのまま茹でてみよう

湯煮のいいところは、失敗しないところ。
煮すぎて身が硬くなることもないし、臭みも出にくい。
洗い物も楽ちんで、和洋中どれにもアレンジできるのも魅力です。
魚の種類を選ばない調理なので、ぜひ活用してみてください。

3. 湯から引き上げる

沸騰しない火加減で3〜5分間加熱したら、魚を取り出す。

★煮立たせると身が堅くなり、茹で汁も濁る。

4. 水気を取る

ペーパーなどで水気を取る。

出来上がり！

塩や醤油、ポン酢やごま油、オリーブオイルなど、お好みの調味料や薬味をかけて食べる。

MEMO ▶ 塩は魚の臭みを吸い出し、酒の有機酸はそれを分解する役割があります。また、茹でることで臭みや酸化物を洗い流すと同時に、表面のタンパク質を凝固させ、旨みを閉じ込めるのです。ポイントは火加減。グラグラと湯を煮立たせてしまうと魚の旨みがどんどん逃げてしまいます。上手にできた湯煮ほど、茹で汁に味が残らない。鍋物や汁物、煮魚との大きな違いはここにあります。

湯煮のバリエーション2種

キンメダイの湯煮 ブイヨン仕立て

ブイヨンで湯煮をして、その茹で汁も使うアレンジ。角切りの野菜を入れて、彩りも美しい一品に。マダイでも美味しく作れます。

材料 / 2人分

キンメダイ切り身…2切れ
ブイヨンスープ…400㎖
白ワイン…大さじ1
塩…適量
トマト…½個
紫タマネギ…¼個
オリーブオイル…適量

作り方

1. キンメダイに薄く塩をふり、15分間ほど置く。出た水分はペーパーで軽くおさえる。
2. 紫タマネギはみじん切りにし、トマトは1cm角に切って、ボウルで合わせる。
3. 鍋またはフライパンでブイヨンを沸かし、白ワインとキンメダイを入れ、沸騰しない火加減で3〜5分間加熱する。魚とスープごと器によそう。上に**2**をのせ、オリーブオイルをかける。

白身魚の湯煮 エスニック仕立て

タラの湯煮を中華風に仕立てました。ショウガ、パクチー、ナンプラーの他、ライムの香りが味の輪郭をしめてくれます。

材料 / 2人分

タラ切り身…2切れ
ライム(スライス)…½個
ショウガ(千切り)…½片
パクチー(粗みじん切り)…適宜
ナンプラー…小さじ1
ごま油…大さじ1
日本酒…大さじ1
塩…適宜

作り方

1. タラに薄く塩をふり、15分間ほど置く。出た水分はペーパーで軽くおさえる(甘塩タラの場合はそのまま軽く洗って水気をペーパーで押さえる)。1切れを3等分する。

2. ボウルでナンプラーとごま油を合わせる。

3. 鍋またはフライパンで湯を沸かし、日本酒とタラを入れる。沸騰しない火加減で3〜5分間加熱し、取り出す。ペーパーなどで水気を取る。

4. 皿に並べ、ライムをはさみ、ショウガ、パクチーをちらし、2をかける。

EASY & DELICIOUS DISHES
DELI STYLE FISH RECIPES

1
CHAPTER

柵

スーパーや魚屋さんのお刺身コーナーに並ぶ、お刺身の盛り合わせや柵（さく）。そのまま食べてもおいしいですが、一手間かけることで料理のバリエーションがぐっと広がります。お魚料理はちょっと苦手…と思っている方にこそ、お試しいただきたいレシピです。

SALMON

MAGURO

HIRAME

SABA

SUZUKI

IWASHI

KANPACHI

とろろ昆布〆

とろろ昆布で柵を巻くだけ！ 簡単だけど上級の味わいです。タレはわさびじょうゆやレモン、オリーブオイルなどお好みでどうぞ。

材 料 / 3〜4人分

刺身用ヒラメ柵…1柵
＊タイなど、他の白身魚でもおいしい
とろろ昆布…適宜（1柵分包める量）
大葉…20枚
レモン（皮）…適宜

【たれ】お好みで
わさびじょうゆ
塩、レモン、ぽん酢、オリーブ油、ごま油など

作り方

1. ラップフィルムを広げ、とろろ昆布を薄く広げる。柵を包める程度の大きさが目安。

2. 1の上にヒラメの柵をおき、ラップごと転がしながら全体をとろろ昆布で包む。表面をとろろ昆布で覆ったらラップで包み、1日半ほど冷蔵庫で寝かせる。

3. ラップから取り出し、とろろ昆布ごと斜めに薄切りにする。皿に大葉を広げ、大葉と交互にのせるように昆布〆を並べる。最後にチーズ削り器などでレモンの皮を削りかける。好みのたれをつけていただく。

とろろ昆布で巻き2〜3日なじませるとこなれた味に。ごまやわさびとともにお茶漬けにしても美味。

魚のフォー

残ったお刺身で作れるフォー・カー（魚のフォー）。ナンプラーがだし代わりになります。白身魚はお好みで。

材料／2人分

刺身用白身魚柵
　…約10cm長さ分、または8〜10切れ
フォー…100g
塩…適宜
モヤシ
　…½袋（茹でるか、電子レンジで加熱する）
ナンプラー…大さじ2
みりん…小さじ2
パクチー（ざく切り）…適宜
フライドオニオン…適量
ライム…1切れ
ショウガ（千切り）…ひとつまみ分
青唐辛子（輪切り）…少量

作り方

1. 白身魚を一口大のそぎ切りにして、薄く塩をふる。10分間ほどおいたらキッチンペーパーで水気をとる。
2. 鍋に水800ml、ナンプラー、みりんを入れて煮立たせる。火を止めて1を加え、予熱で火を通す。
3. フォーを茹でる。茹で上がったら冷水で洗い、水切りする（茹で時間は袋に明記してある茹で方で）。
4. 2にフォーを加えてひと煮立ちさせ、器に入れる。もやし、パクチー、ショウガ、フライドオニオン、ライム、青唐辛子の輪切りを添える。

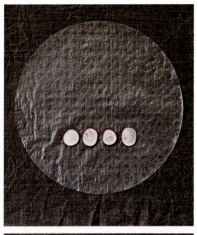

シーフード生春巻き

手巻き寿司用のお刺身でも作れる生春巻き。赤身魚やサーモンがおすすめ。ラディッシュの赤と大葉の緑を生春巻から透かせて、彩りよく。

材料／4人分

刺身用マグロ柵…約12cm長さ分
刺身用サーモン柵…約12cm長さ分
ライスペーパー…8枚
ラディッシュ…2個
紫タマネギ…½個
アボカド…1個
アルファルファ…1パック
大葉…8枚
レタス…大8枚
ナンプラー…大さじ2

【たれ】
ナンプラー…小さじ1
はちみつ…小さじ1
レモンまたは米酢…大さじ1
赤唐辛子または一味唐辛子…適量
→全ての材料を容器に入れて混ぜる。

作り方

1. マグロとサーモンは12cmほどの棒状に4分割して、それぞれ大さじ1のナンプラーで軽くあえる。

2. ラディッシュは薄切りにし、紫タマネギは薄切りし水にさらしたら水気をとる。アボカドは1cm太さにタテ切りにする。

3. キッチンクロスやさらし布を濡らして固く絞り、作業台の上に広げる。その上にライスペーパーをのせて霧吹きで水を1、2回かける。中央にラディッシュ、大葉、レタス、マグロまたはサーモン、アルファルファ、紫タマネギ、アボカドの順に置き、先にライスペーパー以外の具をレタスで巻く。

4. レタスで包み込んだら、それを包むようにライスペーパーを巻く。たれをつけていただく。

〆サバの
エスニックサラダ

〆サバをエスニック料理風にアレンジ。酸味のあるサバには柑橘の香りを合わせて。ナンプラーと青唐辛子は相性が良いので、辛さが得意ならばぜひお試しを。

材料 / 2〜3人分

〆サバ…半身分(1枚)
レタス…4枚
パクチー…1束
紫タマネギ…¼個
グレープフルーツまたはオレンジ…½個
ナンプラー…小さじ1½
オリーブオイル…大さじ1
ピンクペッパーまたは黒こしょう…適量
青唐辛子(輪切り)または
　糸切り乾燥唐辛子…適量

作り方 /

1　〆サバは骨があれば外し、7mmのうす切りにする。

2　レタスは食べやすい大きさにちぎり、パクチーは3cm長さに切る。紫タマネギは薄切りにして水にさらし、水気を切る。グレープフルーツは果肉を取り出す。

3　1と2をナンプラー、オリーブオイルであえて、好みで青唐辛子とピンクペッパーを添える。

〆サバは万能で、焼いてもそのままでも美味しい。パクチーでよりエスニックな風味に。

タルティーヌ2種

カンパーニュを薄くスライスして、マリネしたお魚をのせるだけのオープンサンド。スパイスやハーブの香りが魚の味わいを爽やかに引き立てます。

マグロのタルティーヌ（写真奥）

材料 / 2人分

刺身用マグロ柵…5cm長さ程度
青唐辛子…1本
ケッパー（酢漬け）…大さじ1
紫タマネギ（みじん切り）…大さじ1
塩…少々
オリーブオイル…小さじ2
パン（カンパーニュなど）…適宜

作り方 /

マグロは1cm角に切る。青唐辛子の輪切りとケッパー、紫タマネギ、塩、オリーブオイルを混ぜ合わせ、薄切りにして軽く温めたパンにのせる。

タイのタルティーヌ（写真手前）

材料 / 2人分

刺身用タイ柵…5cm長さ程度
レモン…½個
オリーブオイル…小さじ2
ミント…適宜
塩…適宜
こしょう…適宜
パン（カンパーニュなど）…適宜

作り方 /

タイは薄くそぎ切りにし、塩とレモン汁とオリーブオイルであえて、薄切りにして軽く温めたパンにのせる。上からこしょう、チーズ削り器などで削ったレモンの皮とミントを散らす。

デビルドエッグ

アメリカのホームパーティでは、前菜としてよく作られる料理。悪魔の「目」をサーモンの赤で表現しました。見た目も華やかで、みんなが好む味わいです。

材料 / 8人分

茹で卵（固茹で）…4個
タマネギ…1/6個
スモークサーモン（スライス）…4枚
クリームチーズ（室温で柔らかくする）
　…50g
レモン…1/4個
ケッパー（酢漬け）…8粒
塩…適宜
こしょう…適宜
ディル…適宜
カイエンペッパー…適量

作り方

1. 茹で卵の殻をむき、縦半分に切る。黄身をくりぬいてボウルに入れる。白身は器として使う。

2. タマネギは細かいみじん切りにし、水にさらして水気を切る。レモンは果汁を絞り、残りは皮ごと刻む。スモークサーモンは3枚分を刻み、残りの1枚は8等分する。

3. 卵の黄身とタマネギ、クリームチーズ、刻んだレモン、スモークサーモン（3枚分）、レモン果汁をよく混ぜ合わせる。塩、こしょうで味を整える。

4. くりぬいた白身に3をつめて、8等分したサーモン、ケッパー、ディルで飾り付ける。お好みでカイエンペッパーをかける。
   ＊余った黄身はパンにつけたり、ポテトサラダに入れたりして、活用できます。

フィッシュ＆チップス

イギリスを代表するファストフード。よくタラが使われますが、スズキなどの白身魚でもおいしくできます。チップス（ジャガイモ）は一度冷凍してから揚げるとホクホクの食感になります。

材料／4人分

スズキ柵…1柵
＊タラや他の白身魚でもOK
塩…適宜
A
- 薄力粉…50g
- 片栗粉…40g
- ベーキングパウダー…小さじ¼
- 塩…小さじ¼

ビール（炭酸水でも可）…100㎖
揚げ油（白絞油）…適宜
ジャガイモ…3個

作り方

1. スズキに軽く塩をふって15分間ほど置く。その後、キッチンペーパーで水気をしっかりとふき取り、斜めに12㎝ほどの大きさに切り分ける。ジャガイモは洗って皮ごと串切りにし、ビニールに入れて冷凍しておく。

2. Aを大きなボウルに入れる。冷えたビールを注ぎ入れながら、菜箸や泡立て器などでよく混ぜる。

3. スズキを2にくぐらせ、180℃に熱した揚げ油で揚げる。衣をつけて油に入れた後、上から追加でタネをかけると、ボリュームたっぷりの衣ができる。

4. ジャガイモを冷凍庫から出し、180℃に熱した油できつね色になるまで揚げる。

揚げたてにはぜひ、モルトビネガーをかけて味わってほしい！なければレモンなどで。

アジのおからマリネ

おからの和えものを、ポテトサラダ的アプローチでアレンジ。白ワインビネガーの酸がアジの脂を洗い流し、口の中をさっぱりとまとめてくれます。

材料 / 2〜3人分

刺身用アジ…1尾分
＊刺身用に切り分けてあるものを使用
おから…100g
タマネギ…¼個
ニンジン…⅙本
パプリカ…＊個
ディル…2本
白ワインビネガー…大さじ2
塩…小さじ½
はちみつ…大さじ1
オリーブオイル…大さじ2
こしょう…適量

作り方

1. アジに塩をふり、15分間ほどおいてからキッチンペーパーで水気をふき取る。必要であれば、一口大に切りわける。

2. タマネギはみじん切り、ニンジンは細かい千切り、パプリカは薄切りにしてボウルに入れる。塩（分量外）をふってよくもみ、しんなりさせたら水気を切る。

3. 2におからとアジを加え、白ワインビネガー、塩、はちみつ、オリーブオイル、こしょうで味を整え、30分間ほど冷蔵庫でねかせる。器に盛りつけ、上にディルをあしらう。

ポケボウル

ハワイのローカルフード、ポケ(一口大のお刺身のづけ)を丼(ボウル)仕立てにした人気メニュー。手巻き寿司の感覚でお試しあれ!

材料

マグロ
サーモン
カンパチ
しらす
ごま
アボカド
アルファルファ
ショウガの甘酢漬け
豆腐
大葉
青ネギ
のり
ごはん、または酢飯
調味料…しょうゆ、ナンプラー、ごま油、コチュジャン、味噌などお好みのもの

作り方

お刺身は、しょうゆ、ナンプラー、ごま油、コチュジャン、味噌などでマリネする(そのままでもOK)。お好きな材料をのせて召し上がれ!

1. マグロ
2. サーモン
3. カンパチ
4. しらす
5. ごま
6. アボカド
7. アルファルファ
8. ショウガの甘酢漬け
9. 豆腐
10. 大葉
11. 青ネギ
12. のり

1

魚に合う
ハーブ&スパイス

　私は魚料理にハーブやスパイスをよく使います。どんな香りを足しているか考えてみると、このような分類をしていることに気がつきました。

1. 爽やかなもの

ショウガ、レモン、ライムなど、酸味があるものや、爽快な香りを持つものは魚料理に軽さを出してくれます。唐辛子も、赤よりも青唐辛子がより爽やか。緑色のタバスコを使うと簡単です。繊細な味の印象になるので、よりワイルドな食べ応えにしたいときは、ニンニクや万能ネギなどを加えます。

2. 魚の臭いを消すもの

代表格はトマト。青魚にも白身魚にも合う万能選手です。ショウガ、ニンニク、ネギは、サーモンなど脂分が多めの魚と相性よし。大葉も臭い消しには有効です。

3. 魚の旨みを引き立てるもの

代表格はネギやクミン。魚介と合わせることで複雑味が生まれ、魚のコクを引き出します。ニンニクも同様です。

　香りで軽さや爽やかさを出したいのか、臭みを抑えたいのか、旨みを膨らませたいのか――そのあたりを考えながら使ってみると、自分なりのハーブ、スパイス使いが身につくかもしれません。

A. クミン
あっさりした白身、青魚に。カレーのような癖のある爽やかさ。柑橘の皮のニュアンスもある。ケララフィッシュなどに。

B. クローブ
コク出しに。柑橘とも合わせやすい。シナモンと合わせて煮込むと冬らしい香りに。トマト煮込みにも。

C. 八角(スターアニス)
魚の唐揚げの漬け込み液など。強い香りなので少量で、他のスパイス(クローブ、シナモン、カルダモンなど)と合わせて使う。

D. カルダモン
青リンゴのようなニュアンスがある爽やかさ。さやを割って使う。カレー粉との相性がいい。

E. シナモン
コク出しに。単体で使うのではなく、複数で使うことで本領発揮する。煮込みや漬け込み液などに。

F. ローリエ
煮込みに使う。ローリエは、ホワイトソースと合わせると、粉臭さがなくなる。

G.レモン H.ライム

爽やかさを出す時に。ライムは熱い国のエスニック料理のニュアンスを出したい時に。レモンは皮も使えるので、ノーワックスを。

I.タイム

臭い消しに。グリルなど焼きものの時に重宝するハーブ。肉料理だとローズマリーを使うことが多いけれど、魚の場合はタイムで。

J.イタリアンパセリ
K.ディル

ディルは独特の甘い香りと爽やかさ。マリネや冷菜がぐっと上品になる。青々とした香りのイタリアンパセリと合わせるのがおすすめ。

L.チャービル

柔らかな青々しい香りで、上品に魚の臭いをマスキング。わっさりとしたビジュアルで飾り付けにも重宝する。

M.パクチー

葉の部分は生で、根は刻んでカレーなどに使う。独特の爽やかな香りにファン多し。ショウガなどとの相性もいい。

EASY & DELICIOUS DISHES
DELI STYLE FISH RECIPES

CHAPTER 2

切り身

切り身のいいところは、内臓などがきれいに取られているところ。魚種によっては皮や骨もついていないので、お肉のように簡単に扱えます。塩焼き、煮魚以外にも幅広く使えるのも魅力。各国の料理を、スーパーで手に入りやすいお魚を使ってアレンジしました。

SALMON

KAJIKIMAGURO

TARA

BURI

KINMEDAI

SALMON

ブリダイコン
デリスタイル

エスニックなブリダイコン。醤油の代わりにナンプラーを使い、カレーのスパイスで生臭さを抑えます。小麦粉をつけることでブリがしっとり仕上がります。

材料 / 4人分

ブリ…4切れ
ダイコン…½本
塩…小さじ½
小麦粉…大さじ1
酒…大さじ2
みりん…大さじ2
ナンプラー…大さじ1
カレーパウダー…大さじ1弱
はちみつ…大さじ2

作り方

1. ダイコンは皮をむいて2㎝厚さの輪切りにし(大きければ半月形に)、すっと串が通る程度まで下茹でする。
2. ブリは食べやすい大きさに切り分け、塩をふって小麦粉をまぶし軽くはたく。
3. 鍋に水100㎖、酒、みりん、ナンプラー、カレーパウダー、はちみつを入れて強火にかける。
4. 煮立ったらブリを加えて中火にし、アクをすくい取ったらダイコンを加える。落としぶたをして中火で5分間ほど煮たら、煮汁を煮詰めて照りをだし、具と煮絡める。

出世魚のブリは、地域ごとにオオイオやスズイナなど、多数の呼び名があります。

塩サバサンド

サバサンドはトルコの街角でよく見かける名物。ナスとパプリカをトロトロになるまで焼いて、ジューシーな脂がのったサバと合わせます。フォカッチャが相性よし！

材料／4人分

塩サバ（フィレ）…2枚
パプリカ…1個
ナス…1〜2本
紫タマネギ…½個（輪切り4枚分）
レタス…4枚
パン（フォカッチャなど）…適宜
オリーブオイル…適宜
塩…適宜
こしょう…適宜
粒マスタード…適宜
レモン…適量（お好みで）

作り方

1. 塩サバは半分に切り、気になる骨を取りのぞく。パプリカは縦4等分に切り、種を取る。ナスは縦に4等分にスライスする。紫タマネギは輪切りにする。レタスは食べやすい大きさにちぎって洗い、水気を拭き取る。

2. フライパンを熱し、オリーブオイルをひいて、塩サバを両面焼く。パプリカ、ナスも両面を焼き、塩、こしょうをする。

3. パンを横に2等分して内側の両面に粒マスタードを塗り、2とレタス、紫タマネギを挟む。お好みで具の部分にレモンを絞って、切り分けていただく。

塩サバフィレでなく、〆サバを焼いてもOK。同じサバでも風味の違いが楽しめます。

タラの軽い
レモンクリーム煮込み
クスクス添え

フランスの家庭料理「鶏のフリカッセ」をタラでアレンジ。淡白なタラと濃厚なクリームの相性を楽しめます。オリーブの代わりに生青のりを加えても。

材料 / 4人分

- タラ切り身…4切れ
- タマネギ（みじん切り）…1個
- ニンニク（みじん切り）…1片
- レモン…¼個（果汁を絞り、皮はすりおろす）
- グリーンオリーブ…10粒
- 白ワイン…100㎖
- 生クリーム…50㎖
- 塩…適宜
- こしょう…適宜
- 小麦粉…適宜
- オリーブオイル…適宜
- イタリアンパセリ（みじん切り）…少々

【クスクス】
- クスクス…1カップ
- 塩…ひとつまみ
- オリーブオイル…大さじ1

作り方

1. タラに薄く塩をふり、15分間ほど置く（甘塩タラはそのまま使う）。出た水分はペーパーで軽くおさえ、小麦粉を薄くつけて余分な粉をはたき落とす。

2. フライパンにオリーブオイルを入れて中火にかけ、タラを並べ入れて弱火で両面を2、3分間ずつ焼く。隙間にオリーブオイルを大さじ1ほど加え、タマネギ、ニンニクを加えて軽く炒め合わせる。

3. タマネギがなじんだら、白ワイン、生クリーム、レモン果汁、グリーンオリーブを加え5分ほど煮込み、塩、こしょうで味を整える。

4. クスクスを作る。鍋に水200㎖、塩、オリーブオイルを入れて沸騰させ、クスクスを加えてスプーンで軽く混ぜる。ふたをして10分間置いたら、再びふたを開けて混ぜる。お皿にクスクスと3を盛り付け、イタリアンパセリとレモンの皮（すりおろし）を散らす。

淡白なタラは万能魚。和・洋・中・エスニックなど。どんなジャンルにも合います。

写真上から
手で一口大のラグビーボール型に整える。→小麦粉をまとわせ、卵液にくぐらせる。→パン粉をまんべんなくまぶす。→180℃に熱した油できつね色になるまで揚げる。

タラとジャガイモのクロケット

スペインやポルトガル、カリブ海の国でよく使われる干しダラ。ジャガイモとの相性は最高です。甘塩タラで簡単にアレンジしました。

材料／2～3人分

甘塩タラ切り身…2切れ
ジャガイモ…3個
ニンニク（すりおろし）…1片
白ワイン…大さじ1
生クリーム…大さじ3
イタリアンパセリ（みじん切り）…3本
塩…適宜
こしょう…適宜
小麦粉…大さじ1
卵…1個分
パン粉…適宜
揚げ油（白絞油）…適宜
レモン…適量

作り方

1. タラを湯煮にし（P.10）、骨と皮を外して身をほぐす。ジャガイモは茹でて皮をむき、粗く潰す。

2. ボウルにタラとジャガイモを入れてざっくりと混ぜたら、ニンニク、白ワイン、生クリーム、イタリアンパセリ、塩、こしょうを加えてよく混ぜ合わせる。

3. 手でラグビーボール型（1個30g～40gが目安）に整える。

4. 揚げ油を180℃に熱する。3に小麦粉、卵、パン粉の順に衣をつけ、きつね色になるまで揚げる。好みでレモンをかけていただく。

サケのグリル

オーブンの魚料理は、動かさずに一気に焼き上げられるため、形良く仕上げられます。サケにハーブとレモンの香りをまとわせ、簡単おもてなし料理に。

材料／5人分

サケ切り身…5切れ
ケッパー…大さじ2
バター…大さじ2
レモン…1個
塩…適宜
こしょう…適宜
タイム…適宜
オリーブオイル…適宜

作り方

1. サケに薄く塩(分量外)をふり、15分間ほどおく(甘塩サケはそのままで)。出た水分を軽くペーパーでおさえる。
2. 天板にオーブンペーパーをしき、サケと薄切りにしたレモンを並べ、ケッパー、塩、こしょうをかける。魚の上にバターとタイムをのせ、オリーブオイルをふりかける。
3. 180℃のオーブンで15分間焼く。お皿にレモンとサケを一緒に盛り付ける。

一番身近なサケを使用しましたが、ブリやタイなどでもアレンジしてみてください。

カジキのエスカベシュ

エスカベシュは、油や湯で加熱した魚を酢でマリネする地中海料理。今回は柔らかな酸のリンゴ酢を使いましたが、ビネガーの種類で味わいが変わります。

材 料 / 2〜3人分

カジキマグロ切り身…4切れ
紫タマネギ…1個
黄パプリカ…1個
セロリ…1本
塩…適宜
こしょう…適宜
小麦粉…大さじ1
オリーブオイル…適宜
ディル…適宜
【漬け汁】
リンゴ酢…大さじ3〜4
はちみつ…大さじ1½
塩…小さじ1
赤唐辛子(乾燥)…1本

作り方

1. カジキマグロに薄く塩をふり、15分間ほどおく。出た水分を軽くペーパーでおさえたら、一口大に切り、こしょうをふる。小麦粉を薄くつけて余分な粉をはたき落とす。

2. 紫タマネギは薄切り、黄パプリカは半分に切って種を出したら5cm長さの薄切り、セロリは斜め薄切りにし、保存容器に入れる。軽く塩をふって、揉み込みながら混ぜ合わせておく。

3. フライパンに1cm深さほどのオリーブオイルをしき、中火でカジキマグロを両面焼く。

4. 小鍋にリンゴ酢、はちみつ、塩、赤唐辛子を入れて沸騰させる。

5. 薄切りにした野菜と焼いたカジキマグロがまんべんなく混ざるように並べ、上から熱いうちに4をかける。20〜30分間経って少しなじんだら天地を入れ替える。粗熱が取れたら1時間ほど冷蔵庫で冷やしていただく。

カジキの切り身は骨がほとんどなく、扱いやすい食材です。シイラの切り身でも代用可。

スープ・ド・ポワソン

エビやタラ、アサリをトマトで煮込んだ贅沢なスープ。海の幸を濃縮して楽しめます。パンとサラダを用意すればご馳走に！ タイやホタテを入れても美味しいです。

材料／2人分

- タラ切り身…2切れ
- 有頭エビ…6匹
- アサリ…20粒
- カットトマト缶…1缶
- 赤唐辛子…1本
- タマネギ（みじん切り）…¼個
- セロリ（みじん切り）…¼本
- ニンニク（包丁の腹でつぶす）…1片
- 白ワイン…200㎖
- ローリエ…1枚
- オリーブオイル…大さじ4
- 塩…適宜
- こしょう…適宜

【アイオリソース】
- ニンニク…1片
- 卵黄…1個
- レモン果汁…½個分
- 塩…小さじ1
- こしょう…適宜
- オリーブオイル…大さじ3

作り方

1. タラに薄く塩をふり、15分間ほど置く。出た水分はペーパーで軽くおさえ、一口大に切る。エビは頭を残して殻をむき、背わたを取る。
2. 鍋にオリーブオイルとつぶしたニンニクを入れて中火にかけ、香りが立ったら、種を取り除いた赤唐辛子、タマネギ、セロリを加えて弱火で透き通るまでじっくり炒める。
3. アサリを加えて炒め、貝が開いたらいったん取り出す。鍋にエビを加えて色が変わるまで火を入れたらエビも取り出す。
4. 強火にして白ワインを加え、沸騰したら中火にし、カットトマト、水400㎖とローリエを加え、煮立たせる。
5. アサリとエビを鍋に戻し、タラを加えたら、弱火で15分間ほど煮込み、最後に塩、こしょうで味を整える。
6. アイオリソースを作る。ボウルにニンニクをすりおろして入れ、卵黄、レモン、塩を加えて泡立て器でよく混ぜる。オリーブオイルを入れながら滑らかになるまでよく混ぜたら、塩、こしょうで味を整える。
7. 皿にスープをよそい、アイオリソースを添えていただく。

ここでは最小限の材料を使いましたが、お好みで赤魚など、魚介をふんだんに使ってもOKです。

切り身魚のベジタブルハーブスープ

パリのレストランで食べた思い出の味を再現。サケのソテーに澄んだ野菜のスープがかかり、見た目も美しい一品。ディルの香りがポイントです。

材料 / 2人分

生ザケ切り身…2切れ
＊キンメダイ、タラ、タイの切り身もおすすめ
タマネギ…½個
ニンジン…⅓本
カブ…1個
セロリ…½本
オリーブオイル…適宜
白ワイン…大さじ1
固形ブイヨン…1個
ディル、チャービル、
　イタリアンパセリ（細かく刻む）…各1〜2本

作り方

1. サケに薄く塩をふり、15分間ほど置く。出た水分はペーパーで軽くおさえ、一口大に切る。タマネギ、ニンジン、カブ、セロリをそれぞれ1cm角に切る。

2. 鍋にオリーブオイルを入れて中火で熱し、タマネギを炒める。しんなりと色づいてきたら、ニンジン、セロリを加えて鍋の具材を混ぜ合わせ、水600mlと白ワインを加える。煮立ったら固形ブイヨンを加える。カブを加えて全体の野菜に火を通す。

3. フライパンにオリーブオイルをしき中火にかけ、サケを両面焼く。

4. スープ皿に焼きあがったサケをのせ、スープをかけ、ディル、チャービル、イタリアンパセリを添える。

（写真上段左から）
ニンジン、タマネギ
（中段左から）
カブ、セロリ
（下段）
生ザケ切り身

メヌキ粕漬けグラタン

味噌漬けや粕漬けの切り身魚はグラタンの具材としても優秀！ 生クリームとの相性が良く、簡単和風グラタンが作れます。

材料／直径18cmのグラタン皿1台分

メヌキ粕漬け…3切れ
＊カジキマグロの味噌漬けでもいい
カブ…2個
カリフラワー…½個
生クリーム…100ml
シュレッドチーズ…30g
オリーブオイル…適宜
塩…適宜
こしょう…適宜

作り方

1. メヌキ粕漬けについている粕を軽くこそげ落とす。落とした粕は生クリームと合わせる。

2. カブはくし形に6分割に、カリフラワーは一口大に小分けにする。柔らかい食感が好きならば、カブとカリフラワーを下茹でする（串が通る程度まで）。

3. グラタン皿にメヌキ、カブ、カリフラワーをバランスよく並べ、上から粕入りの生クリームを全体にかける。上からシュレッドチーズ、オリーブオイルをかける。

4. 180℃のオーブンで20～25分間焼く。表面がきつね色に焼きあがったらオーブンから出し、上から塩、こしょうをふりかける。

EASY & DELICIOUS DISHES
DELI STYLE FISH RECIPES

CHAPTER 3

丸ごと

丸ごとのお魚は、お店で下処理をお願いしましょう。内臓を取るのはもちろん、ウロコやゼイゴ(アジなどの側面についた硬いウロコ)や頭を取ったり、切り分けたりしてもらえます。骨ごと調理することで魚のうまみを凝縮できるのが丸ごと調理の魅力です。

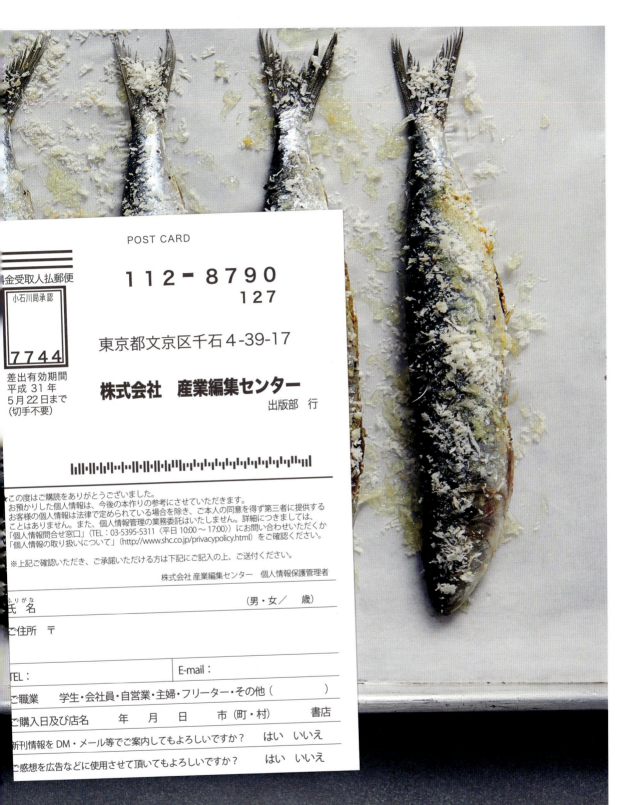

アクアパッツア

トマトやオリーブなどで魚介類を煮込んだ、イタリア・カンパニア州の郷土料理。アサリのだしが魚の旨味を引き立て、いい相性。魚はキンメダイやスズキでも美味しいです。

材料／2人分

カサゴ…2尾
＊購入時に、うろこ、えら、内臓、血合いを処理してもらう
アサリ…150g
ミニトマト…10個
ブラックオリーブまたは
　グリーンオリーブ…10粒
ケッパー…大さじ2
ニンニク…1片
白ワイン…大さじ1
タイム…1〜2本
イタリアンパセリ…1本
オリーブオイル…適宜
塩…適宜
こしょう…適宜

作り方

1. カサゴに塩、こしょうをふる。ニンニクは半分に切り、芯を抜いて包丁の腹で潰す。ミニトマトは半分に切る（普通のトマトなら角切りにする）。アサリは砂出しをする。

2. 深めのフライパンにオリーブオイルを熱し、ペーパータオルで水分をふき取ったカサゴを入れ、中火で両面を焼く。ニンニク、タイムを加え、香りが出たら、アサリ、ミニトマト、ブラックオリーブ、ケッパー、水100㎖、白ワインを加える。ふつふつと小さな気泡が沸いてきたら、蓋をして弱火で5分間ほど煮る。

3. スープを味見して塩、こしょうで味を整える。最後に刻んだイタリアンパセリを散らす。

丸ごと魚でも処理済みなら調理は簡単。見映えがよく、調理後のうれしさもひとしお。

一夜干しのサルサソース

一夜干しの魚も、いつも焼くだけではもったいない。アレンジ次第でワインが合う一品に。フライパンで焼くので、焼き網のお掃除もいりません。

材 料 / 2〜3人分

ホッケ一夜干し…1枚
*アジ、カマス、キンメダイの一夜干しでも
トマト…1個
紫タマネギ…¼個
ケッパー…大さじ2
イタリアンパセリ…1〜2本
塩…適宜
こしょう…少々
オリーブオイル…適宜

作り方

1. フライパンにオリーブオイルをしき、中火にかけてよく熱したら、ホッケの皮目を上にして入れ、両面を焼く。
2. トマトは角切り、紫タマネギ、ケッパー、イタリアンパセリはみじん切りにしてボウルに入れる。塩、こしょう、オリーブオイルを加えて混ぜ合わせる。
3. ホッケに2をかける。お好みでレモンなど絞ってもいい。

豆アジフリット

小魚があったら、何でも揚げてしまいます。そのままビールのつまみでもよし、エスカベシュ（P.46）にしても美味しくいただけます。

材料

豆アジやヒイラギなど…適量
塩…適量
片栗粉…適量
白絞油（揚げ油）…適宜
ライム…適量

作り方

1. えらと内臓を指でちぎり（苦手な方は処理してもらう）、洗って水気をペーパーでふき取り、片栗粉を薄くまぶす。

2. 鍋に揚げ油を入れて160℃に熱し、1を入れて6〜7分間じっくりと揚げる。

3. 油の温度を180℃に上げて二度揚げする。約1分間揚げる。揚がったら塩をかける。お好みでライムを添える。

小魚を見つけたらついつい大量に買ってしまいます。カレー粉をふっても美味しい一品。

イワシの スパイシーファルシ

イワシの腹に香草を詰めて焼く「ベッカフィーコ」をエスニック風にアレンジ。スパイスがイワシのくさみを消して、香りよく食べられます。

材料 / 2〜3人分

イワシ…5尾
＊購入時に頭、ウロコ、内臓を処理してもらう
タマネギ…1/8個
ショウガ…1片
ニンニク…2片
レモン…1/2個
塩…適宜
こしょう…適宜
カレーパウダー…大さじ1
パン粉…適宜
オリーブオイル…適宜
タイム…3〜4本

作り方 /

1. イワシの両面に塩こしょうをし、15分間おいたら、キッチンペーパーを軽く押し当てて水気をとる。

2. タマネギはみじん切りにし、ショウガとニンニクはすりおろす。容器にレモン果汁を絞り、塩小さじ1/2とカレーパウダーを加えてよく混ぜ合わせる。

3. イワシの腹を開いて、2を中に塗り込む。

4. オーブンの天板にペーパーをしいて、3を並べ、パン粉をふりかける。上からオリーブオイルをかけたら、タイムをのせて180℃のオーブンで15分間焼く。またはフライパンにオリーブオイルをしき、イワシを両面こんがりするまで焼き、皿に取り出して乾煎りしたパン粉をかけてもいい。

5. タイムを添え、レモン（分量外）を絞っていただく。

イワシも塩の他にカレーパウダーを使うことで、ごはんやパンとより相性のいい一品に。

サンマとナスのパスタ

サンマのうまみに香ばしいナッツ、甘やかなクランベリーが混じり、様々な食感と豊かな味の広がりを楽しめるパスタ。食用菊をちらして華やかに。

材料／2人分 ＊写真は4人分

- サンマ…1尾（大きめ）
- ナス…1本
- パスタ（スパゲッティ）…140g
- パン粉…小さじ2
- オリーブオイル…大さじ4
- ニンニク（スライス）…1片分
- 赤唐辛子（乾燥）…適量
- クランベリー（またはレーズン）…大さじ2
- ケッパー…大さじ2
- アーモンド（粗く砕く）…6〜8粒
- 塩…適宜
- こしょう…適宜
- 食用菊（ガクを外しておく）…½個分
- イタリアンパセリ（ざく切り）…適宜

作り方

1. サンマに塩をふり、両面を焼く。焼き上がったら骨から身を外し、半身はそのまま、残りは身を粗くほぐす。お好みで内臓もパスタに絡めるのでとっておく。

2. パン粉をフライパンで乾煎りする。ナスは斜め1cm厚さに切る。鍋に湯を沸かし、塩（分量外）を入れてパスタを茹でる（袋に書いてある時間通りに）。

3. フライパンにオリーブオイル、ニンニク、お好みで赤唐辛子をいれて熱し、ニンニクを取り除いてからナスを加えてくたくたになるまで炒める。

4. サンマの内臓（お好みで）とパスタを加えてからめ、クランベリー、ケッパー、アーモンド、サンマの身を加えてざっと混ぜ、皿に盛りつける。上からパン粉と食用菊、イタリアンパセリをかける。

苦手な人も多いサンマの内臓ですが、新鮮なものは美味しいのでぜひ食べてほしいです。

タイの
ハーブ炊き込みごはん

和食のタイ飯をアレンジ。野菜ブイヨンはタイのうまみを邪魔しません。ブイヨンの代わりにナンプラーを入れ、青唐辛子、パクチーを散らした中華風タイ飯もおすすめです。

材 料 / 4〜5人分

タイ…1尾
＊購入時にウロコと内臓を処理してもらう
米…3合
無添加野菜ブイヨン
　…水で溶いて540㎖分
白ワイン…大さじ1
ローリエ…1枚
イタリアンパセリ…適宜
ディル…適宜
塩…適宜
こしょう…適宜
レモン…½個

作り方 /

1. 米を研いでザルにあげる。

2. タイを水で洗い、キッチンペーパーでよく水気を取る。厚みのある部分に切れ目を入れたら塩（分量外）をふり、グリルで皮目が薄いきつね色になる程度まで焼く。

3. 米を鍋に入れ、水、ブイヨン、塩、こしょう、ローリエ、白ワイン、2 を加えて蓋をする。強火にかけて湯気が出てきたら弱火にし、17分間炊いたら火を止めて蒸らす。

4. タイとローリエを取り出し、骨から身を外す。ご飯に刻んだディルとイタリアンパセリを入れ、ほぐしたタイの身と一緒に混ぜ込む。レモンを絞り入れ、ざっくりと混ぜる。

タイはどんな料理にも合います。残ったらピラフやリゾットなどで美味しくいただけます。

ケララフィッシュ

海に面した、南インドのケララ州は魚介のカレーが豊富。ココナッツオイル（またはミルク）を使うのも特徴的。アジのほか、メカジキでも美味しい。

材料 / 2〜3人分

アジ…3尾
＊購入時に、ぜいご、内臓を処理してもらう
タマネギ（みじん切り）…1個
ニンニク（薄切り）…2片
ショウガ（千切り）…2片
青唐辛子（輪切り）…2本
トマト（大きめの角切り）…1個
ココナッツオイルまたは白絞油
　…100㎖
カレーパウダー…大さじ2
クミン…小さじ½
カイエンペッパー…小さじ½
塩…小さじ1½
粒マスタード…大さじ2
バスマティライス…2合分
ライム、ピクルス…適量（好みで）

作り方

1. 鍋にココナッツオイル、タマネギ、ニンニク、ショウガを入れて中火にかける。うっすらきつね色になるまで炒めたら、青唐辛子と粒マスタード、カレーパウダー、クミン、カイエンペッパーを加えてさらに炒め合わせ、塩、トマト、水500㎖を加えて煮立たせる。沸騰したら弱火で10分間煮る。

2. アジの頭を落とし、3等分に切りわけ、1に加える。煮崩れないように蓋をして弱火で10分間ほど煮たら、塩で味を整える。

3. バスマティライスを炊く。米を3、4回ほど軽く洗い、30分間浸水させる。鍋にたっぷりの湯をわかし、水切りした米を入れて蓋をし、10〜15分間茹でる（やや柔らかめに）。茹であがったらザルにとる。あればライム、ピクルスを添える。

一般的には今回使用したアジやメカジキを使うことが多いのですが、イワシでもOKです。

シラスと紫キャベツの青唐辛子パスタ

ニンニクと唐辛子を使ったペペロンチーノのパスタ。シラスや魚には青唐辛子が相性良し。紫キャベツで見た目も鮮やかに仕立てました。

材料／2人分

シラス…80g
パスタ（フジッリ）…140g
紫キャベツ…⅙個
ニンニク…1片
青唐辛子…½本
ケッパー…大さじ2
オリーブオイル…適宜
塩…適宜
こしょう…適宜

作り方

1. 紫キャベツは千切り、ニンニクはみじん切り、青唐辛子は輪切りにする。鍋に湯を沸かし、塩を入れてフジッリを茹でる。

2. フライパンにオリーブオイル、ニンニク、青唐辛子を入れて中火にかけ、ニンニクから気泡が出たら紫キャベツを加えて炒める。紫キャベツがしんなりとしたらシラスとケッパーを加える。

3. 茹であがったフジッリとからめ、塩、こしょうで味を整える。

2

キッチンにあると便利な調味料たち

　魚の調理に相性のいい風味は「酸」。レモンやライムなどの柑橘の酸味はもちろん、ビネガー（酢）の酸も魚の臭みを抑えたり、魚の味を引き立てたりするのに有効です。タイ料理やインド料理で使われるタマリンド（ペースト）や、ケッパー（酢漬け）も、適度な酸が味わいにアクセントを出してくれます。これらは冷蔵庫や調味料置き場に常にある、私の魚料理には欠かせない調味料です。

　マグロなど、血合いの濃い味が特徴の魚には、しょうゆやみそ、豆板醤（トウバンジャン）などの発酵調味料で味つけをします。塩だけだとぼやけた味になってしまうのですが、発酵の強い旨みを合わせることで味の輪郭をしめるというイメージです。

　意外な相性なのが、カレー粉。お醤油やナンプラーを合わせて使うと、少しエスニックな香りのある和食の味わいになります。

アップルサイダービネガー
柔らかい酸が欲しい時に使います。南蛮漬けのほか、生春巻きのたれ（ナンプラー、はちみつと合わせて）に。

白ワインビネガー
尖った酸が特徴。酸のインパクトをつけたい時に。サラダやマリネなどに。

モルトビネガー
大麦麦芽から造られるお酢。フィッシュ&チップスにはこれ！ 英国料理にはよく使われる。

オリーブ塩漬け

グリーン、黒はお好みで。オリーブの持つ塩味と油分でコクを出せる。刻んでサラダに混ぜても、煮込みに入れても。タコと合わせるのがオススメ。

ケッパー（酢漬け）

ケッパーの酸味は魚の生臭さや「野暮ったさ」を消してくれる。粒のまま使うので、塩味と酸のあるケッパーがランダムに混じることで味に起伏が生まれる。パスタ、煮込みに。

ナンプラー

魚醤は「だし」の凝縮感が特徴。醤油だと物足りなく感じる料理に「追い鰹」のように使う。

オリーブオイル

魚料理の上からかけるオイルは、フレッシュなエキストラバージンオイル。旨みを足して食材をコーティングしてくれる。揚げ油には太白ゴマ油を、エスニック料理やカレーには、ココナッツオイルやピーナッツオイルを使用。

粒マスタード

マスタードシードのほのかな酸が魚と合わせやすい。炒める時など、タマリンド代わりにも使える。

カレーパウダー

和食の魚料理のアクセントに一振り。ブリ大根や照り焼きなどに。お醤油との相性もいい。

EASY & DELICIOUS DISHES
DELI STYLE FISH RECIPES

甲殻類
貝類

CHAPTER 4

エビやイカなどの甲殻類、アサリなどの貝類のレシピを紹介します。濃厚なだしが取れるのが甲殻類・貝類の魅力。スープや煮込みにも万能ですし、グラタンや春巻きの具材にしてもインパクトのある味わいになります。

イカのトマト煮込み

魚介の中でも、イカとトマトの相性は抜群です。きび砂糖を加えることでイカにまろやかな甘みが加わります。クスクスやパン、パスタを添えてどうぞ。

材料 / 4人分

ヤリイカ…1杯
＊購入時に内蔵を処理してもらう。または輪切りになっているものを購入。
ニンニク…1片
タマネギ…½個
セロリ…1本
カットトマト缶（400g）…1缶
オリーブオイル…大さじ1
白ワイン…50㎖
きび砂糖または甜菜糖…小さじ1
バター…大さじ1
塩…適宜
こしょう…適宜

作り方

1. ヤリイカを水洗いする。胴は1㎝幅、足を2本ずつに切る。ニンニクは半分に切り芯を取りのぞいてつぶす。タマネギは薄切り、セロリは縦半分に切り、さらに斜め薄切りにする。

2. フライパンにニンニクとオリーブオイルを入れ、弱火にかける。香りが出てきたら、タマネギ、セロリを加え、炒める。

3. タマネギがしんなりしたら、ヤリイカと白ワインを加え、アルコールを飛ばしながらイカの色が変わるまで炒める。カットトマト、きび砂糖、バターを加えて、ヘラでトマトをつぶしながら7分間ほど煮詰める。

4. 塩、こしょうで味を整える。

柔らかく甘みが強いヤリイカは酸味との相性が抜群。どんな料理・調理法にも合います。

ゼッポリーニ

イタリアのピッツェリアの定番つまみ。生青のりを混ぜ込んだ生地を揚げただけ、だけど止まらない美味しさ！ 桜エビやシラスを混ぜても。

材料 / 2人分

青のり(生)…20g以上
強力粉…50g
薄力粉…50g
イースト…3g
水…100ml
塩…ひとつまみ
揚げ油(白絞油)…適宜
レモン…½個

作り方

1. ボウルに強力粉、薄力粉、イースト、水を入れて、粘りが出るまでしっかり混ぜる。塩と生青のりを加えてさらに混ぜたらラップフィルムをかけ、室温で30〜40分間寝かせる。
2. 揚げ油を160〜170℃に熱する。小さじで生地を山盛りにすくって油の中に落とし、菜箸でコロコロと転がしながら、生地が膨らみ色づくまで揚げる。
3. 揚がったら上から塩をふり、皿に盛りつける。好みでレモンを絞っていただく。

写真上から
生地を山盛りにすくって油の中に落とす。→菜箸で転がしながら、生地が膨らみ色づくまで揚げる。

タコとジャガイモの
オリーブソテー

タコとジャガイモとオリーブは、どうしてこんなに相性がいいのでしょう？若い頃にアルバイトをしていたお店の一品。私の青春の味です。

材料／3〜4人分

タコ…100g
ジャガイモ…2個
ニンニク…1片
グリーンオリーブ…6粒
オリーブオイル…小さじ1強
こしょう…適量

作り方

1. タコは一口大に切り、ニンニクはみじん切りに、ジャガイモは皮をむいて食べやすい大きさに切る。グリーンオリーブは種を外して半分に切る。

2. フライパンにオリーブオイルとニンニクを入れて火にかけ、ニンニクから気泡が出てきたらジャガイモを加えて炒める。

3. 水50mlほどを加えたら、蓋をして蒸し焼きにする。ジャガイモに火が通ったら、蓋をとってタコとグリーンオリーブを加えて絡めて、火から下ろす。最後にこしょうをふりかける。

ホタテとカリフラワーの
ジェノベーゼ

市販のソースを使った簡単レシピ。ホタテとカリフラワーの相性の良さをシンプルに生かしました。2品ともワインやビールのお供に最高です。

材料／3〜4人分

ホタテ…10粒
カリフラワー…½個
バジルソース（市販のもの）…大さじ3
オリーブオイル…大さじ1
塩…適宜
こしょう…適宜

作り方

1. カリフラワーを一口大に切り分ける。

2. フライパンにオリーブオイルを入れて熱し、カリフラワーを炒める。ホタテを加えて焼き目がついたら、バジルソースを加えて絡める。塩、こしょうで味を整える。

タコやホタテは扱いやすい食材です。さっと炒めてかんたんスピードおつまみに。

カキクラムチャウダー

冬に食べたい、温かなチャウダー。カキの滋味がじんわり広がります。電子レンジを使ってカキを蒸し上げることで、火の通りすぎを防ぎます。

材料／4人分

カキ…400g（10粒程度）
タマネギ…½個
カブ…2個
ジャガイモ…1個
マッシュルーム…4個
白ワイン…大さじ2
バター…大さじ1
小麦粉…小さじ1
牛乳…200㎖
生クリーム…50㎖
塩…適宜
こしょう…適宜

作り方

1. カキは塩少々（分量外）を加えた水の中でふり洗いし、ザルに上げて水気をしっかりときる。タマネギ、葉を切り落としたカブ、皮をむいたジャガイモをそれぞれ1.5cm角に切る。カブの葉（1個分）はさっと茹でて小口切りにする。マッシュルームは石づきを除いて4つ割りにする。

2. 耐熱容器にカキを入れ、白ワイン、塩ひとつまみをかけ、ラップをして電子レンジ（500W）で3分間加熱する。カキの身と蒸し汁に分けておく。

3. 鍋を火にかけバターを溶かし、タマネギとマッシュルームがしんなりするまで中火で炒め、小麦粉をふり入れて粉っぽさがなくなるまで弱火で炒める。牛乳を少しずつ加えて混ぜ、カキの蒸し汁、水200㎖、ジャガイモ、カブの実を加えてさらに20分間弱火で煮る。

4. 生クリームとカキを加え、煮立ってきたら、塩、こしょうで味を整え、沸騰前に火を止める。カブの葉を最後に加える。

カキは煮えすぎないようにするとプリっとした食感になり、美味しく仕上がります。

ガーリックシュリンプ

ハワイのローカルフードとして人気のガーリックシュリンプ。おいしさはそのまま、押し麦を加えてヘルシーにアレンジしました。

材料 / 3〜4人分

無頭エビ…15尾
＊殻むきのものでもいい
ニンニク…2片
押し麦…大さじ3
レモン…¼個
イタリアンパセリ…3本
オリーブオイル…大さじ2
塩…適宜
こしょう…適宜

作り方

1. エビは殻をむき、背の部分に縦に深さ1㎜ほどの切り込みを入れ、背わたを取って塩をふり15分おく。ニンニクとイタリアンパセリはそれぞれみじん切りにしておく。

2. 小鍋に湯を沸かし、押し麦を柔らかくなるまで茹で、ザルにあげる。

3. フライパンにオリーブオイルとニンニクを入れて中火にかけ、香りが立ってきたらエビを入れて両面に焦げ目が軽くつく程度に焼く。

4. 押し麦を加えて炒め合わせたら、塩、こしょうをし、イタリアンパセリを加えてさっと混ぜて器に盛る。レモンを添える。

カニの揚げ春巻き

カニ、セロリ、ジャガイモと、様々な食感と香りを春巻きに包み込みました。この組み合わせはグラタンやサラダでも応用できます。ライムやレモンをキュッと絞っていただきます。

材料 / 5人分

- カニのほぐし身（冷凍）…260g
- ＊カニカマでもOK
- セロリ…½本
- ジャガイモ…1個
- 塩…適宜
- こしょう…適量
- 春巻きの皮…10枚
- 揚げ油（白絞油）…適量
- レモン（またはライム）…適量

作り方

1. カニは解凍して水気を切る。セロリは斜め薄切りに、ジャガイモは千切りにする。塩、こしょうをふって、ジャガイモのでんぷん質がでる程度まで、よく混ぜる。

2. 1を10等分にし、春巻きの皮で包む。

3. フライパンなどに1cmほど揚げ油を入れて中火にかける。春巻きを入れ、下が焦げ付かないように注意しながら、両面がきつね色になる程度までじっくり揚げる。お好みでレモン（ライム）をかけていただく。

イカヤムウンセン

タイの春雨サラダ、ヤムウンセン。イカ、エビ、豚ひき肉を入れるのがスタンダードですが、ここでは鶏肉であっさり仕上げました。

材料／2人分

ヤリイカ…1杯
＊購入時に内蔵を処理してもらう。または輪切りになっているものを購入。
紫キャベツ…⅛個
鶏ひき肉…100g
春雨…80g
万能ネギ…6本
ごま油…小さじ1
A ┃ 塩麹…大さじ1
　 ┃ こしょう…適量
B ┃ 酢…大さじ1½
　 ┃ はちみつ…大さじ1
　 ┃ ナンプラー…小さじ1
　 ┃ ごま油…大さじ1

作り方

1. ヤリイカを水洗いする。胴は1㎝幅、足を2本ずつに切り分ける。紫キャベツは千切りにする。
2. フライパンを中火にかけて熱したら、ごま油を入れ、鶏ひき肉を炒める。色が変わったら、Aを加えて炒め合わせる。
3. 鍋に湯を沸かして春雨を硬めに茹でる。同じ湯に千切りした紫キャベツをさっとくぐらせ、水切りをする。イカも同じ湯で芯に火が入る程度まで茹でる。
4. ボウルにBを入れて混ぜ、2、3を加えて和える。最後に5㎝長さに切った万能ネギを合わせる。

イカは脂肪分が少ないので冷凍しても味が損なわれにくく、保存が効いて便利です。

ムール貝、ハマグリの白ワイン蒸し

ムール貝の白ワイン蒸しは、ハマグリなど、他の種類の貝を混ぜることで旨みに複雑さが生まれます。貝は海藻などを取り除いた処理済みを買うと便利。アサリを合わせても美味しいです。

材料 / 2人分

- ムール貝…10粒
- ハマグリ…6粒
- 白ワイン…大さじ3
- バター…大さじ1
- ニンニク…1片
- イタリアンパセリ…1本
- 塩…適宜
- こしょう…適宜

作り方

1. 鍋または大きめのフライパンにムール貝、ハマグリ、白ワイン、バターを入れ、フタをする。
2. 強火にかけて沸騰したら鍋の中身の天地返しをし、再びフタをしめる。3〜4分間ほど蒸して、貝が全部開いているのを確認しながらボウルなどに貝をとる。
3. ザルなどで汁をこして、砂を取り除く。汁を鍋に戻し、ニンニクを入れて中火でひと煮立ちさせたら、塩、こしょうで味を整える。塩分が薄い場合は塩を入れ、塩辛ければ水で調節する。最後にイタリアンパセリのみじん切りをいれる。
4. ムール貝とハマグリを器に盛りつけ 3 をかける。

残ったスープはパスタやリゾットにすると、貝の味が染みこんだ味わい深い一品に。

アボカドグラタン

アボカドは加熱しても美味しい！ クリーミーで旨みも一層感じやすくなります。エビとチーズを合わせれば、簡単グラタンに。ランチのサイドディッシュにもおすすめです。

材料 / 4人分

むきエビ…8尾
アボカド…2個
ニンニク(みじん切り)…½個
オリーブオイル…適宜
マヨネーズ…大さじ1
カイエンペッパー…適量
シュレッドチーズ…適宜

作り方

1. エビは背わたをとり、半分はぶつ切りにする。アボカドは半分に割って種を取り除く。

2. フライパンにニンニクとオリーブオイルを入れて中火にかけ、ニンニクから気泡が出てきたらエビを加えて炒め、マヨネーズを加えてあえるように炒める。火からおろして4等分する。

3. アボカドの穴の部分に2をそれぞれのせ、シュレッドチーズをかける。

4. オーブンやトースターなどでチーズがきつね色に色づくまで焼く。お好みでカイエンペッパーをふる。

DELI STYLE
{ FISH }
COLUMN

3

デリ風仕上げに欠かせない
オーバルの皿

料理の印象は、盛り付けをするお皿で大きく変わってくるもの。お魚料理の場合、私が愛用しているのはオーバル（楕円）のお皿です。魚の形にしっくりと馴染んで盛り込みやすい。ラフに盛り付けても様になるという万能選手です。実際、今回のレシピブックでもオーバルのお皿を多用しています。

　テーブルが小さい時にも便利で、丸いお皿だとかさばるところ、オーバルだと邪魔になりにくい。日本の食卓にも使いやすい形状だと思います。少し深さがあるものだと、ソースが多めの料理でも安心ですね。

　おつまみを入れるなら小さいお皿にちょこちょこと入れてもいいし、メインの料理なら、大きな皿でどんと出すと卓上で映えます。

　中でも愛用しているのは、イタリアのトラットリアなどでよく使われている「サタルニア」のオーバル皿。厚みのある形状やシンプルな白色は、料理をぐっと生かしてくれます。品があるのも気に入っています。

EASY & DELICIOUS DISHES
DELI STYLE FISH RECIPES

CHAPTER 5

ビン・缶 冷凍食品

見落としがちですが、スーパーにはお魚の水煮缶が意外と多く揃っています。お醤油と合わせた煮物や和え物としてよく使われますが、それだけではもったいない！ 食卓が華やぐレシピを紹介します。

冷凍シーフード キッシュパイ

冷凍パイシートとシーフードミックスで作れば、キッシュパイもこんなに簡単に。オープンパイにすればピッツァのように切り分けられます。

材料 / 3〜4人分

冷凍シーフードミックス…170g
冷凍パイシート（約20cm×20cm）…1枚
卵…1個
生クリーム…大さじ1
トマト…½個
シュレッドチーズ…80g程度
こしょう…適量
バジル…1本
オリーブオイル…適量

作り方

1. シーフードミックスは自然解凍し、流水で洗って水気をきる。トマトは1.5cm角に切り、シュレッドチーズと合わせてざっくりと混ぜる。

2. ボウルに卵、生クリーム、こしょうを入れてよく混ぜる。

3. 冷凍パイシートを天板にのせ、1の材料をすべてのせて2をまわしかける。さらにオリーブオイルをまわしかけ、180℃のオーブンで15〜20分間ほど、こんがりと焼き目がつくまで焼く。

4. オーブンから出して、刻んだバジルを散らす。

サバ缶チョップドサラダ

サバの水煮缶はとっても便利。味噌汁、煮物、炒め物などの具として重宝します。カラフルな野菜を合わせたら、食べ応えのあるサラダに。レモンやケッパーの香りがアクセントです。

材料 / 3〜4人分

サバ水煮缶…1缶（170g）
トマト…½個
紫タマネギ…¼個
キュウリ…½本
コンテなどのハード系チーズ…30g
ケッパー…大さじ1½
レモン…½個
オリーブオイル…大さじ1
塩…適宜
こしょう…適量

作り方

1. サバ水煮缶をザルにあけ、中骨をとって手で身をほぐし、水気を切る。トマト、紫タマネギ、キュウリ、チーズを1㎝角に切る。
2. ボウルに1を入れ、ケッパーを加えて混ぜ合わせる。塩、こしょう、オリーブオイルをかけ、レモンを絞る。

さっぱりした風味のケッパーは料理の味を引き締める名脇役。本書でも大活躍です。

ジャガイモのアンチョビケッパーオイル煮

アンチョビは、イワシの風味に加えて発酵による深い旨みが魅力。パスタだけでなくジャガイモともいい相性です。ケッパーで爽やかな香りを加えるのがポイント。

材 料 / 3〜4人分

ジャガイモ…大2個
ニンニク(みじん切り)…1片
オリーブオイル…50ml
アンチョビ…5枚
ケッパー…大さじ2
塩…適宜
こしょう…適宜

作り方 /

1. ジャガイモは皮をむき、一口大に切る。鍋にジャガイモを入れ、ひたひたになる程度の水を加え、ニンニク、オリーブオイルを加える。

2. 鍋の蓋をして中火にかけ、沸騰したら蓋を外し、火を弱めて茹でる。時々鍋をゆすって鍋底を焦がさないようにしながら、ジャガイモに火が通るまで15分間ほど茹でる。

3. 水分が飛んだら鍋を火からおろし、アンチョビとケッパーを加えて塩、こしょうで味を整える。

ズッキーニボート

急な来客時や、あと一品に困った時は、ズッキーニを器に見立てたこちらが便利。ホタテの旨みがズッキーニの瑞々しい甘みを引き立てます。

材料 / 6人分

ホタテ水煮缶…120g
ズッキーニ…3本
タマネギ…1½個
ニンニク…1片
イタリアンパセリ…1本
シュレッドチーズ…適量
パン粉…適量
オリーブオイル…適量
こしょう…適宜

作り方

1. ホタテ水煮缶を開け、水気を切ったら、シュレッドチーズ、こしょうと合わせ、ほぐしながらよく混ぜる。

2. タマネギとニンニク、イタリアンパセリはみじん切りにする。フライパンにオリーブオイルをひいてよく炒めたら、1と混ぜ合わせる。

3. ズッキーニを縦半分に切り、中の種をスプーンでこそぎとり、2を詰める。パン粉をちらし、オリーブオイルをまんべんなくまわしかけ、180℃のオーブンで15～20分間焼く。

写真上から
ズッキーニの種をスプーンでこそぎとる。→
器に見立てたズッキーニに具を詰める。

サーモン中骨ピラフ

サケの背骨部分だけを水煮にした地味な缶詰ですが、ほろりとなるまで煮込まれた骨や、髄から出てくる旨みたっぷりの脂など、隠れたファンの多い一品。ピラフやチャーハンで召し上がれ。

材料 / 2人分

サケ中骨缶詰…1缶(180g)
ごはん…2膳分
卵…1個
ショウガ…1片
ニンニク…1片
長ネギ…5cm長さ
大葉…5枚
ごま…小さじ2
ごま油…大さじ2
しょうゆ…小さじ2
こしょう…適量

作り方

1. サケの中骨缶から中身をだし、水切りする。ボウルに卵をとき、ごはんをいれて混ぜ合わせておく。ショウガ、ニンニク、長ネギはみじん切りにする。大葉は千切りにする。

2. フライパンにショウガ、ニンニク、長ネギ、ごま油を入れて中火にかけ、香りが立ってきたらごはんを加えてパラパラになるまで炒める。

3. 鮭の中骨を加えて炒め合わせ、しょうゆとこしょうで味を整える。最後に大葉とごまを加えてざっくり炒め合わせる。

DELI STYLE FISH COLUMN

4

私と魚と三崎

　大人になってから、三浦半島の三崎に通うようになりました。知人が三崎に住んでいたこともあり、休みのたびに三崎に集まってバーベキューや海水浴をしたり、油壺の温泉に行ったり。その行き来の中で立ち寄っていたのが、三崎の港町で地元客に愛されているお魚屋さん、「まるいち」さんでした。

　あまり見慣れない魚の調理方法を教わって見よう見まねで作ったことも、隣接する食堂で食べて感激したことも、数えたらきりがないくらい。お父さんがご存命の頃にはスナックに連れて行ってもらったこともありました。

　今でも、お母さんのみちよさんや、息子さんのすぐるくんをはじめ、お店の人たちがみな温かく優しくて、会うたびに「帰って来た」という感覚になります。まるいちは、お魚屋さんに行くということがこんなに楽しいんだと思わせてくれるお店です。

　スーパーでもお魚屋さんでも、お気に入りの一軒を見つけて通ってみてください。きっと親切に色々と教えてくれるはず。そこから作る楽しさや食の楽しさ、研究心が湧いてくると思います。私にとって、近所のお魚屋さんや、ちょっと遠出して漁港の市場でのお買い物も、とってもワクワクする冒険なのです。何を作って、どんなお酒を飲もう？ と、食いしんぼうのアンテナが刺激されるお楽しみなのです。

観光客にも地元の人たちにも愛される港町、三崎

（写真左から）
三崎港を行き交う漁船

港にはたくさんの小さくて可愛い魚が

遠洋漁業から戻ってきたマグロ漁船

（写真上から）
お気に入りの魚屋「まるいち」

「まるいち」に並ぶ新鮮な魚介

買ったその場で下処理を

隣の食堂で調理してくれます

真藤舞衣子 （しんどう・まいこ）

料理家。東京生まれ。会社勤務を経て、1年間京都の大徳寺内塔頭にて茶道を学び、畑作業や土木作業をしながら生活をする。その後、フランスのリッツエスコフィエ・パリ料理学校に留学し、ディプロマ取得。東京の菓子店での勤務を経て、赤坂にカフェ＆サロン「my-an」を開店する。6年半営んだ後、東京と山梨の2地域に居住しながら料理教室の主宰やレシピ開発、食育講座、ラジオ・TVのレギュラーコメンテーター、料理番組への出演、レシピ本の執筆などを行っている。著書に『煮もの 炊きもの』『和えもの』『ボウルひとつで作れる SCONE AND CAKE』（すべて主婦と生活社）、『おいしい発酵食生活 意外と簡単 体に優しい FERMENTED FOOD RECIPES』（講談社）などがある。

さばかないデリ風魚介レシピ

2018年2月15日　第1刷発行

真藤舞衣子／著

取材・原稿	柿本礼子
撮　影	宮濱祐美子
スタイリング	真藤舞衣子
アートディレクション・デザイン	吉井茂活（MOKA STORE）
調理アシスト	真藤眞榮／岩元理恵／一戸千亜紀
編　集	松本貴子
制作協力	株式会社ザッカワークス http://www.zakkaworks.com まるいち（三崎町）
発　行	株式会社産業編集センター 〒112-0011 東京都文京区千石4丁目39番17号 TEL. 03-5395-6133 FAX. 03-5395-5320
印刷・製本	図書印刷株式会社

ⓒ 2018 Maiko Shindo in Japan
ISBN978-4-86311-179-0　C0077

本書掲載の文章・写真を無断で転記することを禁じます。
乱丁・落丁本はお取り替えいたします。